A. JACOVLEFF & TCHOU-KIA-KIEN

LE THÉATRE CHINOIS

M. DE BRUNOFF
ÉDITEUR
32, RUE LOUIS-LE-GRAND
PARIS

A. JACOVLEFF & TCHOU-KIA-KIEN

LE THÉATRE

CHINOIS

LE THÉATRE CHINOIS

Peintures, Sanguines et Croquis d'Alexandre JACOVLEFF

Texte de TCHOU-KIA-KIEN

M. de BRUNOFF,
Éditeur
32, Rue Louis-le-Grand — PARIS
1922
Tous droits réservés

PRÉFACE

SOUS la forme d'une suite d'impressions fugitives et de visions plastiques, en
Occidental guidé par mon imagination et mon instinct de peintre, je voudrais
expliquer l'attrait de l'art théâtral chinois et l'importance que je lui attribue.

* *

C'est à Pékin, dont les murs innombrables décèlent un à un les. fantômes des
anciens mystères de la Chine autocratique, où le touriste peut toucher de ses mains
profanes le trône abandonné du Fils du Ciel, que je suis entré en contact avec la
Chine modernisée, que je me suis efforcé de la comprendre et de sentir le charme de
sa culture millénaire.

C'est surtout en une salle aux boiseries multicolores, où la buée blanchâtre
de la fumée lutte avec les rayons aveuglants de quelques énormes lampes
électriques, que me fut révélé cet art si naïf et si sage en même temps qu'est
l'art théâtral tel qu'il s'est conservé en Chine.

Stylisé mais profondément humain, cet art, créé par un peuple, s'est formé
par le temps. Cet art, où l'initiative de l'individu est réglée par les nobles traditions des dynasties passées, nous rattache aux époques les plus anciennes en

2

nous apportant un reflet de la Chine telle que nous l'a dépeinte Marco Polo et telle que nous la sentons dans les écrits de Confucius.

***

Les poutres rouges de l'entrée monumentale — sorte de « païlow » (arc de triomphe) en miniature, — la mosaïque joyeuse et brillante des affiches, les lanternes ornées de lettres aux formes vivantes, la foule, le tumulte du va-et-vient incessant, se lient en une symphonie de formes et de couleurs. Le son du tam-tam, son de bois dur, qui bat la mesure, guidant l'orchestre et le mouvement des acteurs, tend les nerfs et m'emplit la tête de sensations presque douloureuses. Par moment, la voix aiguë du petit violon à peau de serpent ou celle de la flûte aigrelette dominent tous les bruits. Le rythme de cet orchestre étrange fait appel à une impression visuelle...... cadence correspondant à celle que la musique impose.

Autour de moi sont des têtes couleur d'ambre, dont l'expression tendue reflète l'action mise en scène. Je ne sais de quoi il s'agit. Je vois des mouvements, des couleurs. Je sens leur liaison inattendue et parfaite avec le rythme précis et compliqué de ces instruments dont les sons bizarres me font mal. Mais je sens aussi qu'ils sont absolument indispensables et appropriés à l'action. Ils ne peuvent d'ailleurs être appliqués qu'à cette forme d'action et, sans eux, l'expression fantastique de cette action même n'aurait pas la base nécessaire à son intensité.

***

Mais voici que j'entends un nouveau son, expressif dans sa monotonie, émouvant par son timbre forcé et suraigu, peut-être plus artificiel que celui de n'importe quel autre instrument : c'est une voix humaine. D'abord monstrueuse pour notre oreille occidentale, mais fantastique et belle quand on l'accepte comme telle, elle prend dans l'ensemble de l'action la valeur d'un instrument musical. Elle tisse son ornement, tantôt s'adaptant, tantôt s'opposant à la mesure de l'orchestre et aux cadences variées des mouvements.

***

...Un ciel vert jade estompé de jaune vers l'horizon, l'air pur et frais d'un matin d'octobre à Pékin...

Je m'approche de l'endroit où l'enceinte du Temple du Ciel et la Grande Muraille de Pékin forment une sorte de couloir long d'un kilomètre. J'entends un chant bizarre, une mélopée sauvage et mystique. C'est une dizaine de garçonnets qui, leurs visages tournés vers le mur immense et surveillés par un vieillard à tête d'eunuque, s'exercent à intensifier et purifier le son de leurs voix. Ce sont les élèves d'une entreprise théâtrale avec leur vieux professeur.

*
* *

...Une salle qui paraît encore plus grande qu'elle ne l'est à cause de la lumière vague de quelques petites lampes électriques, qui apparaissent jaunes dans l'atmosphère chaude, humide, aux vapeurs lourdes et parfumées des coulisses d'une scène. Acteurs, serviteurs, amateurs, simples curieux, y font un monde à part. Robes somptueuses sur les porte-manteaux, bannières, lances... assortiments de chapeaux, casques, couronnes, avec leurs pompons de soie, plumes de faisan, ornements dorés et scintillants de minuscules miroirs, qui s'alignent sur les tréteaux, comme des fleurs fantastiques sur les rayons d'une serre...

Devant des châssis hérissés d'une quarantaine de pinceaux — un pour chaque teinte, — des pots de couleurs grasses sont rangés sur des réchauds en fonte. Les couleurs vives, intenses, de cette palette ne sont pas appropriées au maquillage imitatif ; elles servent à peindre le masque rituel et absolument conventionnel, qui absorbe chez l'acteur tout élément personnel. Des odeurs de suif et de sueur se combinent. Les acteurs se griment. Prodigieuse est l'habileté des mains jaunes émaciées, dont l'une tient un petit miroir, l'autre — se retournant à la chinoise, — le pinceau qui travaille avec vitesse et précision, distribue des taches colorées, délimitées avec une netteté pure et primitive, sur les surfaces lisses des visages imberbes.

*
* *

Le masque peint rappelle ceux que l'on voit sur les peintures anciennes ou les gravures populaires ; c'est un vrai masque, où, seuls, les yeux vivent d'une vie exagérée, roulent, louchent, s'agitent plutôt qu'ils ne miment. Parfois immobiles, au contraire, ils rappellent ces incrustations en quartz et agate, qui évoquent, avec tout l'ensemble de l'attirail somptueux, certaines déités des temples Tao-Ist. Souvent la bouche, la partie la plus mobile du visage, se couvre entièrement d'une barbe lisse et touffue. Même sans la barbe, l'ornementation du masque peint est si précise et conventionnelle que la bouche ne participe presque pas à la mimique de la physionomie. C'est pourquoi, quoique les masques à proprement parler s'emploient très rarement, le théâtre chinois est le théâtre des masques. Il est aussi le théâtre des caractères créés et définis par les traditions séculaires. C'est ce qui le rapproche tellement du théâtre antique, des Mystères, de la Commedia del Arte, de toutes les formes théâtrales qui ne sont pas l'expression d'un effort individuel, mais bien le reflet de l'âme d'une race. C'est l'art qui sert alors à préciser le sentiment moral d'un peuple.

Le choix des conventions nécessaires à l'action est fixe et relativement réduit. Les moyens restreints dont dispose l'acteur l'ont naturellement amené à une simplification et à une intensification extrême de son art qui, pour ces raisons mêmes, est arrivé, au point de vue technique, à une forme parfaite.

— 7 —

Combien de fois ai-je observé le geste sobre et plein de grâce de l'acteur qui ouvre une porte imaginaire en entrant dans une chambre inexistante! Son mouvement souple et précis trouve une expression complète dans les lois du rythme, bases de tous les arts plastiques.

*
* *

Le tam-tam bat sa mesure folle. Le son des trompettes, le bruit sourd des gongs, le roulement des tambours, vous transportent sur un champ de bataille. Voici le guerrier! Insecte brillant d'or et de couleurs vives, aux harmonies brutales mais toujours logiques. Il fait son entrée au « pas du tigre »: mouvement traditionnel, fier et agressif, qui se transforme vers l'avant-scène en une sorte de trépidation qui évoque l'image d'un paon étalant toute sa magnifique parure. On sent que l'acteur a le souci de régler ses mouvements par rapport au cadre de la scène. La direction de ses gestes, la composition de ses poses forment des arabesques pures et volontaires. C'est une formule géométrique qui le guide. Les lignes principales du carré sont très nettes ; les horizontales et verticales s'opposent aux diagonales. Rien n'est confus ni désordonné. Les mouvements vertigineux sont absolument contrôlés. Soudain tout se transforme en vision statuaire. Ce n'est pas un geste arrêté en pleine expression, mais plutôt une stylisation statique de l'action, qui ne donne cependant en aucune façon l'idée d'une pose morte. Parfois une main, parfois un doigt ou même seulement les yeux par un mouvement infime font pénétrer le sens dramatique de l'action, qui est toujours encadrée des lois parfaites dictées par le rythme. L'expression des gestes, les oppositions de mouvements, ainsi que le sentiment de leur valeur dynamique, vous communiquent cette impression particulière que seul peut donner un art qui a acquis, par les trésors accumulés dans les traditions séculaires, les nobles qualités d'un métier parfait.

Et c'est avec cet art, dont la perfection est due à une évolution lente et naturelle, que nous touchons aux origines mêmes de l'art dramatique.

LE THÉATRE CHINOIS

L'ORIGINE

VERS quelle époque l'art dramatique a-t-il pris naissance en Chine ? L'histoire de ce pays ne nous le dit pas. Elle nous apprend seulement que l'empereur Ming-houang, des T'ang, qui a régné de 712 à 755 de l'ère chrétienne, avait à sa disposition une troupe de trois cents comédiens qu'il dirigeait et instruisait en personne dans le « Jardin des Poiriers ». Les lettrés chinois sont d'accord pour dire que les plus anciennes pièces de théâtre, connues sous le nom de *Tchouan-k'i*, remontent à cette époque.

La même histoire nous rapporte un autre fait plus précis : durant la dynastie des T'ang postérieurs, l'empereur Tchouang-tsong, qui n'a régné que pendant trois ans (923-926), connaissait très bien la musique et les jeux de scène. Il se fardait et se déguisait pour jouer lui-même des pièces dans sa résidence privée, parmi les comédiens — ce qui lui a fait perdre d'abord son prestige aux yeux de ceux-ci, et ensuite sa vie, par l'attentat commis par un de ses comédiens favoris.

En raison de bouleversements politiques, l'art théâtral a subi une éclipse, qui s'est prolongée pendant un demi-siècle, jusqu'à l'avènement des Song.

Sous la dynastie des Song, qui est restée au pouvoir trois siècles durant, on a repris les anciennes traditions dans toutes les branches artistiques. Et le théâtre a recommencé sa vie normale. Les pièces dramatiques composées par les auteurs de cette époque sont connues sous la dénomination de *Hi-k'iu*.

Mais c'est sous les Yuan (dynastie mongole, 1280-1368) que l'art dramatique a pris un développement considérable. Malgré la courte durée de cette dynastie, les pièces écrites par les lettrés d'alors sont d'un nombre important et d'un style remarquable. Une collection contenant cent pièces de cette époque nous offre des chefs-d'œuvre dramatiques qu'on joue encore dans certaines parties de la Chine.

Ici, l'histoire du théâtre chinois enregistre une modification profonde. Car les pièces des T'ang, des Song et des Yuan représentent l'ancien théâtre chinois, et ce genre prend fin avec la chute des Yuan (1368). Je n'entreprendrai pas l'analyse de ces pièces. Je me bornerai à dire que chacune d'elles est composée de plusieurs actes dans lesquels le chant est mêlé au dialogue parlé et se joue sur une musique très savante. Dans la représentation de ce genre de pièces, le principal instrument de musique est la flûte en bambou.

Comme ce genre de théâtre est particulièrement apprécié des gens de la ville de K'ouen-Chan qui y excellent, on lui donne le nom de *K'ouen-K'iang* (Chant de K'ouen-Chan). Seulement, par son langage très littéraire et par sa musique très savante, il ne peut plaire qu'à un nombre restreint de gens cultivés. Ne pouvant pas intéresser le grand public, et par conséquent rester populaire dans le pays, il est bientôt remplacé sur presque toutes les scènes par un nouveau genre de théâtre plus accessible aux spectateurs de moindre culture. A l'heure actuelle, il n'existe plus en Chine qu'un seul théâtre où l'on joue encore le *K'ouen-K'iang*.

Le besoin d'amuser le grand public a fait naître, avec la dynastie des Ming (1368-1644), dans la ville de Houei-tcheou, d'où était sortie la famille impériale d'alors, le nouveau genre de théâtre qu'on appelle *Houei-tiao*. A partir de ce moment les pièces théâtrales sont devenues très courtes (généralement d'un acte), très peu littéraires, et se jouent sur une musique très bruyante. Le *Houei-tiao* a eu d'abord un grand succès et est resté très populaire jusqu'au jour où, sous la domination des Mandchous (1644-1912), le *King-tiao* (Chant de Pékin) est venu prendre sa place. On peut dire qu'à partir de cette époque le *King-tiao* s'est répandu dans tout le pays et a été adopté par presque tous les théâtres.

Cependant, par suite des relations de plus en plus fréquentes entre les Chinois

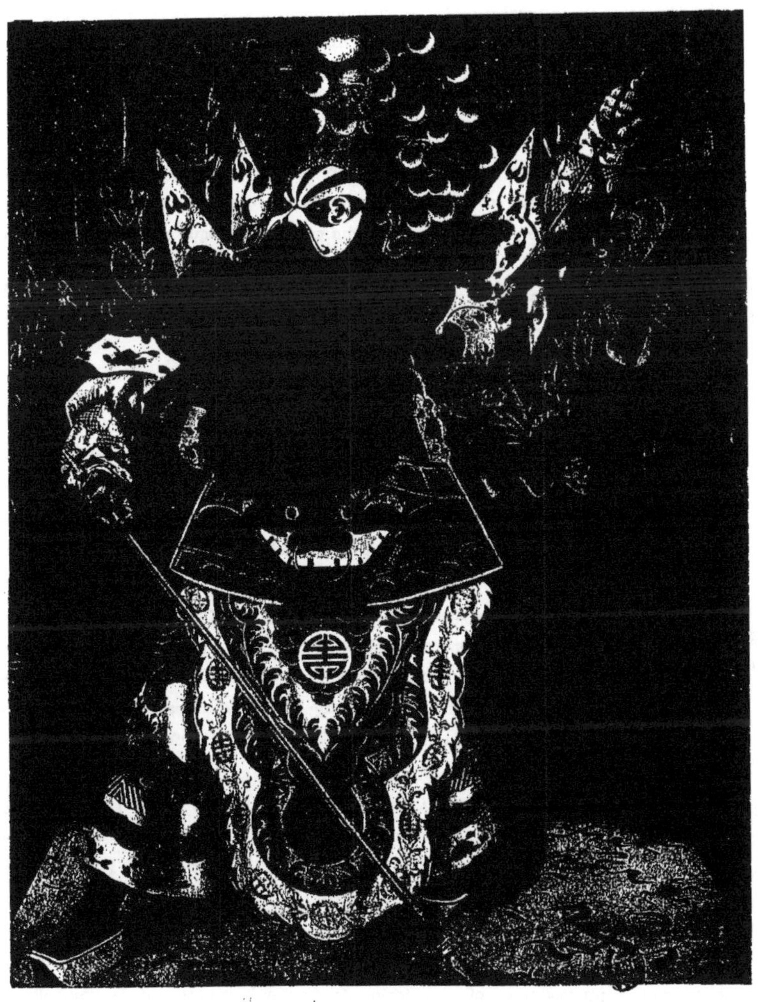

Le général Ma-Sou dans la pièce historique " La Retraite de Kiaï-Ting ".

et les Occidentaux, le théâtre de Chine, comme tous les arts en général, n'est pas sans subir quelque influence européenne ; le *Wen-ming-hi* (théâtre de civilisation) témoigne de cette influence. C'est une sorte de comédie à la manière européenne, tout en dialogue parlé, et qui se joue sans orchestre.

Cette nouvelle création est encore dans un état embryonnaire et n'a pas jusqu'à aujourd'hui pris une position bien ferme. Pourra-t-elle se développer ? Prendra-t-elle un essor comme les autres genres ? C'est ce que l'avenir nous dira. Pour le moment, disons que le seul genre dramatique qui soit en vogue en Chine est encore le *King-tiao*.

Aussi celui-ci fera-t-il le seul objet de notre étude dans la suite.

LES THÉATRES

En Chine, il existe des théâtres publics un peu partout. Dans les grands centres, comme Pékin, Shanghaï, etc., leur nombre est de 4 à 6. Leur construction est très simple et ne comporte pas, sauf quelques ornements de façade, une architecture extérieure spéciale. Tous les théâtres vraiment chinois ont le même aspect. On croirait volontiers qu'ils ont été construits d'après un seul plan plus ou moins agrandi. L'entrée principale est une grande porte à deux battants. Elle est surmontée d'un arc de triomphe en bois peint en rouge, avec le nom du théâtre inscrit au milieu, en caractères dorés. Cette inscription est éclairée, le soir venu, par des lampes électriques. Quelques théâtres plus modernes se servent de l'enseigne lumineuse. A droite et à gauche de la porte, de grandes affiches rouges aux caractères noirs sont collées sur les murs. Ce sont les programmes des représentations du jour et des jours suivants.

Quand on a passé la porte principale, on pénètre, par une seconde porte du vestibule, dans une salle spacieuse et presque carrée, pouvant contenir 700 à 800 spectateurs. La scène est au fond de la salle, contre le mur, faisant face à l'entrée. Elle est presque carrée, haute de deux mètres environ. On y voit deux grosses colonnes en bois peint en rouge. Elles sont couvertes d'inscriptions poétiques. Chacune d'elles s'élève d'un angle du devant de la scène jusqu'à une hauteur de 10 mètres environ pour supporter une voûte en forme de dais qui couvre tout le haut de la scène, jusqu'au mur. Les trois côtés de cette voûte sont entourés d'ouvrages de boi-

Jeunes femmes dans une loge   Young women sitting in a box

Pékin. Loge d'hommes   Peking. Men's box

4

Actrice jouant en
costume de deuil

Actress dressed in
mourning dress

serie sculptée et peinte. La scène est bordée de balustrades en bois peint or et rouge.
Au fond de la scène, deux portes sont percées dans le mur, une à droite, une à gauche.
Chacune d'elles est couverte d'un rideau de soie brodé et orné de petits miroirs très
brillants. La tradition veut que les acteurs entrent en scène par la porte de droite et
qu'ils se retirent par la porte de gauche. Tout le mur du fond de la scène est couvert
de tentures de soie brodées et ornées de miroirs. Contre le pan de mur qui se trouve
entre les deux portes de la scène se place l'orchestre.

La scène est couverte de tapis et garnie de tables, chaises, bancs, coussins, etc...
Suivant les péripéties qui se déroulent dans les pièces représentées, on change de
tapis et la disposition des meubles. Et cela se fait sous les regards des spectateurs,
car dans un théâtre vraiment chinois, le rideau de la scène est une chose inconnue.

Le toit d'un théâtre est plat. Sa partie centrale est surélevée et entourée de
vitres. Ce qui fait que la salle est suffisamment éclairée dans la journée. Sur les
côtés latéraux de la salle se placent des galeries. Celles du premier étage sont divisées
en loges. Chaque loge contient 8 à 10 personnes. Là se trouvent les meilleures places.
Les galeries latérales du rez-de-chaussée sont garnies de bancs, sur lesquels s'as-
seyent les spectateurs modestes. En face de la scène, au-dessus de l'entrée, une autre
galerie se place au premier étage. Elle est divisée aussi en loges et communique avec
les galeries latérales du même étage. Deux escaliers en bois, un à droite et un à
gauche de l'entrée, conduisent les spectateurs aux loges. Entre la scène et l'entrée se
trouve le « tch'eu-tseu » (parterre). Il est garni de chaises, de bancs et de tables (nous
expliquerons pourquoi il y a des tables).

La salle était autrefois éclairée avec des lampes à pétrole. Mais depuis une quinzaine d'années, l'éclairage au gaz ou à l'électricité est installé dans les grands théâtres. Seuls, l'usage des jeux de lumière, l'emploi ingénieux des projecteurs que nous
ont révélé il y a une vingtaine d'années la science et l'art de la mise en scène moderne, y restent encore ignorés.

LE DOUBLE ROLE D'UN THÉATRE

Aux yeux des Chinois, le théâtre n'est pas seulement un lieu d'amusement
public, c'est aussi un lieu d'enseignement moral pour les ignorants. Il a donc un
double rôle à remplir, c'est-à-dire amuser la foule tout en l'instruisant.

En tant que lieu d'amusement, il ne tient pas les spectateurs à la rigueur d'un lieu de cérémonie et leur laisse certaines libertés inconnues dans un théâtre euro-péen.

Ainsi voit-on les spectateurs fumer, boire du thé, manger des gâteaux, fruits, etc., et même prendre leur repas pendant les spectacles ; ce qui explique l'utilité des tables qui sont installées dans la salle de théâtre.

En tant que lieu d'enseignement moral, le théâtre doit stimuler les sentiments vertueux en faisant revivre sur la scène les grands événements historiques qui ont trait à la bravoure, au patriotisme, à la fidélité, au dévouement, etc.; il doit blâmer tous les vices en montrant les punitions que se sont attirées les traîtres, les malfai-teurs, les ingrats, les femmes infidèles, etc., et critiquer les mœurs ridicules de la société au moyen des pièces satiriques.

Pour en donner une idée précise aux lecteurs européens, nous donnons ci-des-sous les résumés de deux pièces qui sont très connues en Chine.

I. — Le Père qui abandonne son Fils pour sauver son Neveu.

Voici le thème de cette pièce : Lors d'une invasion des barbares dans une pro-vince chinoise, Ts'ouei dut quitter son village à la hâte, en fuyant avec sa femme, son fils et son neveu qui était orphelin de père et dont la mère était absente.

Comme les enfants étaient très jeunes tous deux et incapables de courir, Ts'ouei dut les porter à tour de rôle (car sa femme ne pouvait se charger d'un tel fardeau). Cependant, malgré la peine qu'il se donnait, on n'avançait pas vite ; car toujours celui des enfants que l'on laissait par terre ne voulait pas marcher et pleurait amèrement. Comment faire ? Les barbares pouvaient arriver d'un moment à l'autre. Pour ne pas tomber tous dans leurs mains, il fallait prendre une résolution rapide. Alors Ts'ouei conçut dans son âme généreuse l'idée de faire un sacrifice en faveur de son frère défunt, et il parla à sa femme en ces termes : « Il faut que nous abandonnions notre fils, car mon frère n'a pas d'autres enfants que notre neveu pour continuer dans sa famille les offrandes aux ancêtres, nous devons donc le sauver. Et notre fils sera peut-être sauvé par quelqu'un. Dans le cas où il serait mis à mort... O ciel ! Console-toi, ma femme, nous sommes assez jeunes pour que le ciel nous en donne un autre. » La mère, avec un cœur meurtri, dut consentir à faire ce sacrifice.

Sur le bord de la route il y avait un jardin de mûriers. L'idée vint au père d'at-tacher son fils sur un mûrier, pour qu'il pût se nourrir de mûres dans le cas où il ne

serait pas immédiatement sauvé par les passants. Ils se rendirent tous dans le jardin.
Ts'ouei fait monter son fils sur une branche de mûrier pour cueillir des mûres et il
l'y attache solidement avec sa ceinture. Il arrache un morceau de doublure de sa
robe, se mord un doigt pour en faire sortir du sang, avec lequel il écrit quelques mots
sur le morceau de soie. Il laisse ensuite ce billet sur l'enfant, dans son vêtement.

Au loin on entendait déjà des cris de guerriers. Il fallait se séparer. Quelle
scène pathétique ! Le père était affligé, la mère inondée de larmes, le fils poussait
des cris de douleur sur l'arbre. Au moment où Ts'ouei allait prendre son neveu
pour partir, celui-ci se roula par terre, demandant que l'on détachât son cousin
qu'il ne voulait pas quitter.

Ts'ouei et sa femme durent emmener leur neveu de force et quitter leur fils la
mort dans l'âme.

Le hasard voulut que la belle-sœur des Ts'ouei, c'est-à-dire la mère de l'enfant qu'ils avaient sauvé, prît la même route qu'eux en fuyant devant l'invasion.
En passant à côté du jardin des mûriers, elle entendit des cris d'enfant. Elle entra
dans le jardin et sauva son neveu.

Or, l'invasion fut bientôt repoussée. Et les deux familles Ts'ouei eurent la joie de
se retrouver tous vivants

II. — *La punition d'une femme infidèle.*

Cette pièce se rapporte à Tchou Mai-tch'eng, lettré très connu dans l'histoire
de Chine. Avant de devenir un personnage important, il était si pauvre qu'il abat-
tait du bois pour gagner sa vie sans toutefois interrompre ses études. Sa femme, très
ambitieuse et incapable de partager avec lui cette vie misérable, lui exprima à plusieurs reprises le désir de se séparer de lui.

D'abord, le mari la retenait en lui disant qu'il ne serait pas toujours pauvre,
que sa valeur de lettré ne resterait pas longtemps ignorée de ses compatriotes, et
qu'enfin il espérait réussir au prochain concours officiel pour obtenir une charge
publique. Cependant la femme était bien résolue à partir. Et malgré les efforts du mari
pour la détourner de sa décision, en lui montrant combien il était affligé de se voir
séparé d'elle, elle le quitta sans regrets. Elle devint ensuite la femme d'un commer-
çant du pays, avec qui elle ne fut guère plus heureuse : car le nouveau mari ne la
traitait pas avec douceur.

Or, quelque temps après cet incident de famille, Tchou Mai-tch'eng se rendit à la capitale pour participer au concours officiel. Il y réussit avec tant d'éclat que l'empereur lui conféra la charge de préfet de sa ville. Il revint donc dans son pays en char de magistrat et entouré de serviteurs. Son ancienne femme, ayant appris cette nouvelle, vint se prosterner devant son char, pour lui demander pardon et le prier de la reprendre. Le magistrat, très calme, lui parla en ces termes : « Tu m'as quitté parce que j'étais pauvre, tu reviens vers moi parce que je ne le suis plus. Ne sais-tu pas qu'une femme qui a abandonné son mari est comme l'eau qui s'est répandue sur le sol, on ne peut plus la recueillir ? »

Il fit alors apporter un bol d'eau par un serviteur. Il la versa sur le sol et dit à l'infidèle : « Je te reprendrai si tu peux recueillir cette eau qui est répandue sur le sol. »

Devant cette impossibilité, elle s'en alla remplie de honte et de regret. Elle se tua peu de temps après.

DES ACTEURS ET DES ACTRICES

En Chine il n'y a pas d'école pour l'enseignement du chant, de la déclamation et de la musique. Les acteurs sont tous formés par les soins d'un vieux comédien ou d'un directeur de troupe de comédiens. Les jeunes gens qui se destinent à la carrière théâtrale sont ordinairement des enfants de familles pauvres. Ils sont soumis chez leur maître à une discipline très sévère.

L'apprentissage consiste pour chacun d'eux à apprendre par cœur un certain nombre de rôles ; à chanter et à déclamer pour les uns, à manier les armes en bois et à faire de l'acrobatie pour les autres. La durée de leur apprentissage varie de quatre à six ans. Comme durant toute cette période le maître doit généralement subvenir aux besoins de ses élèves, il n'est que juste que ceux-ci, l'apprentissage terminé, travaillent gratuitement pour le bénéfice du maître, pendant une durée équivalente à celle de leur apprentissage. Après cet acquittement de dette, les élèves sont libres de s'engager où bon leur semble.

Au point de vue social, les comédiens sont des indignes. Cela vient de ce qu'ils sont le plus souvent de basse extraction, et, par cette raison, ils sont classés hors des rangs de la société. C'est plutôt le vice de leur naissance qui les rend méprisables

Quelques musiciens chinois   Chinese musicians

Un jeune guerrier   Young warrior

que le fait qu'ils jouent un rôle sur la scène. Autrement, on concevrait mal pourquoi les anciens empereurs que j'ai déjà cités se seraient amusés dans les jeux de théâtre, si ceux-ci devaient avilir les êtres humains.

En ce qui concerne les actrices, les annales chinoises nous apprennent que, pendant le règne des empereurs mongols, les femmes jouaient la comédie, mais qu'au XVIIIᵉ siècle leur apparition sur la scène fut interdite par un décret, après que l'empereur K'ien-long eut admis une actrice au nombre de ses concubines. Depuis lors et jusqu'en 1900, les théâtres chinois furent privés d'actrices, et les rôles de femmes furent remplis par de jeunes garçons (je reviendrai sur ce point dans la question du travesti).

On peut cependant citer la troupe de comédiennes (composée uniquement de femmes) qui s'est formée, il y a une quarantaine d'années, dans la ville de Shanghaï, et qui jouait dans un théâtre qu'on appelle « Mao-eul-hi » (théâtre des chattes ; il existe encore). Seulement, dans ce théâtre, les rôles d'hommes sont remplis par des femmes ; et ce n'est qu'à partir de 1900 que les actrices purent de nouveau apparaître sur la même scène et dans les mêmes pièces que les acteurs. Seulement leur admission, à l'heure actuelle, n'est pas encore générale, car certains théâtres préfèrent se passer de leur concours.

Ainsi, parmi les théâtres chinois, tous dits à la pékinoise, on distingue trois groupes. Les théâtres du premier groupe n'admettent que les acteurs ; ceux du deuxième groupe n'admettent que les actrices ; et ceux du troisième admettent les uns et les autres.

Signalons toutefois le fait bizarre que, dans le premier groupe, les rôles de femmes sont joués par des hommes, tandis que, dans les théâtres du deuxième groupe, les rôles d'hommes sont joués par des femmes, et que, dans ceux du troisième groupe, certains rôles de femmes, les plus difficiles, sont encore tenus par des hommes.

Dans chaque théâtre il y a deux catégories d'acteurs : ceux qui composent la troupe permanente et ceux qui ne sont engagés que pour un temps très limité. Ceux-ci sont généralement des « étoiles ». Comme les acteurs célèbres ont des engagements partout, ils ne séjournent pas dans une seule ville. Ils sont généralement très capricieux et ne figurent pas fréquemment dans les représentations, même quand le théâtre leur appartient.

5

L'ORCHESTRE ET LA MUSIQUE

Comme toutes les pièces sont accompagnées de musique, l'orchestre est une chose indispensable dans un théâtre chinois. Il est composé de 8 à 10 musiciens. Les principaux instruments de musique sont les suivants : les violons à deux cordes, le tambour, les tam-tams, le « pan-kou » (sorte de tambour à son très sec), la clarinette, les castagnettes, les cymbales, la flûte, la guitare, la mandoline, le « hien-tseu » (longue mandoline à 3 cordes, couverte de peau de serpent) et le « pang-tseu » (un morceau de bois creux qu'on frappe avec une baguette).

Il va sans dire qu'on ne fait pas résonner tous ces instruments à la fois. Les instruments métalliques, le tambour et le « pan-kou » servent à accompagner les actions militaires, les scènes de mouvements violents et à marquer les paroles et gestes des personnages à qui on veut donner de l'importance. Les instruments à cordes servent à accompagner tous les chants, et les instruments à vent n'entrent en action que quand on représente une scène de mariage ou de réception. Celui qui manie le « pan-kou » et souvent les castagnettes à la fois, est le chef de l'orchestre ; c'est lui qui marque la mesure et règle la marche de la musique. Mais, de tous les musiciens, c'est le violoniste qui a le rôle le plus important, car c'est lui qui accompagne les chanteurs.

Le dernier instrument que j'ai indiqué dans la liste ci-dessus, c'est-à-dire le « pang-tseu », est un instrument très spécial. Il n'entre en jeu que quand le personnage qui est sur la scène chante en « pang-tseu », genre de chant qui a pris naissance dans le Chen-si (province de Chine) et qui s'est introduit dans les théâtres dits de « king-tiao » depuis une trentaine d'années et y reste admis. Ainsi, il ne faut pas s'étonner d'entendre sur la même scène chanter quelques pièces en « king-tiao » (chant de Pékin) et quelques autres en « pang-tseu », ou encore chanter la même pièce de deux façons différentes. En réalité, cela ne change rien au fond des pièces. Le fait qu'une pièce est chantée à la mode de Pékin ou à la mode de Chen-si n'apporte aucune modification aux scènes, aux décors et aux personnages. Il faut remarquer seulement que la musique de Pékin, qui est plus nette, plus mâle, convient plutôt aux rôles d'hommes ; tandis que la musique de Chen-si, qui est plus traînante, plus langoureuse, convient plus particulièrement aux rôles de femmes.

LES COULISSES, LA DISCIPLINE
ET LES SUPERSTITIONS CHEZ LES COMÉDIENS

Les coulisses d'un théâtre chinois ne sont séparées de la scène que par un pan de mur. C'est un lieu dont l'accès est rigoureusement interdit au public. On ne peut y pénétrer qu'après avoir obtenu une autorisation spéciale.

Quand on a franchi l'entrée des artistes, située derrière le théâtre, on se trouve immédiatement dans les coulisses. C'est une grande salle rectangulaire remplie de tables, caisses, armes en bois, drapeaux et toutes sortes de décors pour la scène. Ses murs sont couverts de masques, perruques, fausses barbes, chapeaux et costumes de tous genres et de différentes époques. Au milieu de la salle, près des fenêtres, se place une grande table chargée de boîtes à fards, de miroirs et de pinceaux. C'est là que les acteurs se maquillent et se déguisent.

Aux heures des représentations, cette salle est extrêmement animée. Tous les acteurs qui doivent jouer y sont réunis. Les uns, tous costumés, se tiennent à proximité de l'entrée de la scène pour paraître tout de suite, ou se promènent de long en large en attendant patiemment leur tour. Les autres, leur rôle terminé, rentrent pour se déshabiller et se laver. Ceux-ci se fardent et se déguisent en femmes. Ceux-là se peignent le visage en guerrier, en traître ou en comique.

Rien n'est plus curieux que d'assister à une de ces séances de maquillage. On voit d'abord des visages peints à moitié, des personnages mythologiques en costumes de ville, des êtres bizarres coiffés en femme et habillés en homme. Mais peu à peu les traits se transforment, les visages naturels s'effacent sous les couleurs, le sexe originaire disparaît sous le déguisement.

Dans ce lieu où toute la troupe d'un théâtre doit s'assembler, les comédiens sont soumis à une discipline très sévère. Ils ont chacun leur siège, c'est-à-dire une grande caisse en bois peint, dans laquelle ils rangent leurs effets. A l'exception des comiques — à qui on accorde certains privilèges — il leur est strictement interdit de plaisanter entre eux. Et l'acteur qui joue les rôles de femme de mœurs légères ne peut jamais s'asseoir sur le siège d'un autre comédien sans entendre des paroles désobligeantes : car celui-ci attribue à ce fait une influence néfaste pouvant lui attirer des malheurs.

Pour montrer jusqu'à quel point les comédiens chinois sont superstitieux, il

me faut donner un autre exemple. Contre le mur qui sépare les coulisses de la
salle des spectacles, se place un objet qu'on ne montre jamais sur la scène, et dont le
public ne soupçonne guère l'existence. C'est une statue en bois présentant l'appa-
rence d'un enfant. Quel est ce personnage ? Est-ce une divinité ? La réponse ne
peut être qu'affirmative, puisque les acteurs lui offrent tous les jours des parfums,
et ne montent jamais sur la scène sans lui avoir rendu hommage.

Cette idole — appelée vulgairement « Lang-lang-p'ou-sa » — est vénérée par
tous les acteurs chinois comme une divinité protectrice de leur corporation. Mais
malgré sa popularité et son influence acquises dans le monde des comédiens, l'origine de ce personnage reste très obscure. Les gens bien informés affirment que ce
n'est autre que l'empereur Tchouang-tsong — dont j'ai déjà parlé — qu'on veut
représenter ; car de son vivant il avait toujours protégé les comédiens, et ceux-ci,
après sa mort tragique, l'auraient déifié en signe de reconnaissance.

LES REPRÉSENTATIONS

Dans tous les théâtres chinois permanents on donne deux spectacles par jour :
l'un dans l'après-midi et l'autre dans la soirée. Chaque spectacle comporte un programme spécial, et chaque programme présente une série de petites pièces de nature
différente. Cela permet aux spectateurs de revenir très souvent au théâtre.

Dans un théâtre à la mode de Pékin, la représentation proprement dite est
toujours précédée d'une scène de pantomime connue sous le nom de « T'iao-kia-
kouan » (danse de Kia-Kouan).

Le mime, portant un masque blanc et habillé en dignitaire antique, exécute
d'abord une danse au son de la musique. Il vient ensuite présenter, avec des gestes,
ses vœux de bonheur aux spectateurs. Cette scène, étant de tradition, ne figure
jamais sur les programmes.

La première pièce figurant au programme n'est jamais intéressante. C'est
généralement une pièce d'attente, un lever de rideau d'une parfaite banalité.

A vrai dire, le spectacle ne commence qu'avec la deuxième pièce. Le programme
est habituellement bien établi. On voit rarement jouer, au cours de la même
représentation, deux pièces de même caractère: car on a toujours le soin de faire
succéder le gai au triste, le bruyant au monotone, l'action au chant. En un mot, on
cherche partout la variété et le contraste.

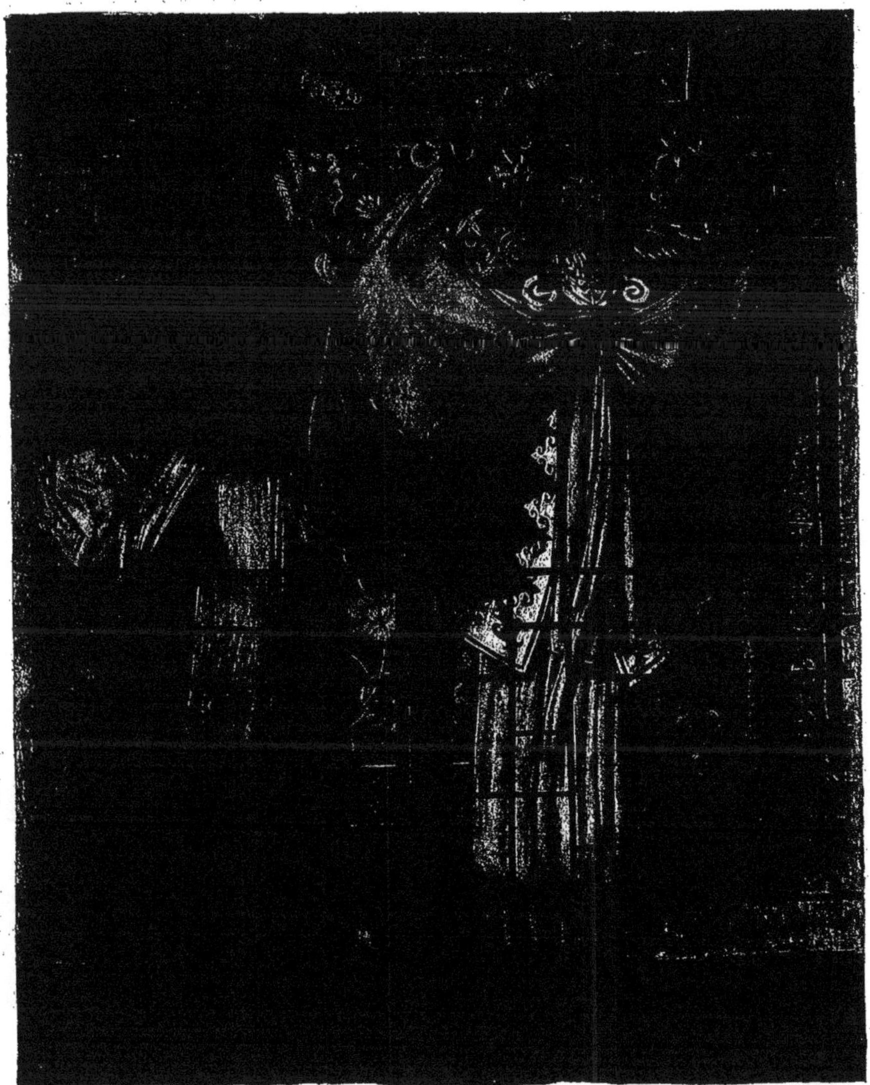

Une scène de la pièce chinoise "Nan-tien-men" où la jeune femme injustement condamnée est sauvée par un serviteur fidèle.

Scene from the play "Nan-tien-men" in which the unjustly condemned young wife is saved by a faithful servant.

6

Un comique   A comedian

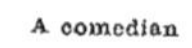

Un personnage mâle Male personage of
rôle secondaire   secondary importance

Acteur chinois   Chinese actor

Un comique   A com

Un domestique   A se

Garçon de restaurant — A waiter

Acteur chinois — Chinese actor

Une courtisane — A courtezan

Personnage du tigre — The Tiger

Un lettré — A man of letters

Maquillage pour le rôle du général Kiang Wei

Make-up for the part of general Kiang Wei

Voici un spécimen de programme de théâtre qui donnera une idée beaucoup plus précise sur les représentations qu'une longue explication abstraite et ennuyeuse. Je ferai ensuite une analyse des pièces qui y figurent.

PROGRAMME

I. — *La Famille heureuse.*

II. — *Le Mariage d'un idiot.*

III. — *La Jeune Veuve au Cimetière.*

IV. — *Scène acrobatique.*

V. — *Le Sacrifice au Fleuve Bleu.*

VI. — *Le Retour clandestin dn Général Yang chez sa mère*

VII. — *Chouei-lien-tong (pièce mythologique).*

ANALYSE DE CES PIÈCES:

I. — *La Famille heureuse.*

J'ai déjà dit pour quelle raison cette pièce ne pouvait être intéressante. En effet, ce n'est qu'une scène mythologique très banale où l'on voit apparaître les dieux de la longévité, de la richesse, de l'honorabilité, etc. Mais elle est très décorative par le grand nombre des personnages en scène et par la richesse des costumes très variés ; et, à ce point de vue, elle mérite d'être vue.

II. — *Le Mariage d'un idiot* est, comme l'indique le titre, une pièce bouffonne qui fait rire les spectateurs durant toute la représentation. Le titre me dispense de donner un commentaire plus étendu de la pièce.

III. — *La Jeune Veuve au Cimetière* n'est pas non plus une histoire triste. C'est simplement une scène de badinage. Voici le résumé :

Le lettré Liou était allé à la capitale pour se procurer une charge officielle. Sa femme était restée dans leur ville natale. Par suite des guerres civiles, la femme resta sans nouvelles de son mari pendant plusieurs années. Croyant qu'il était mort au cours des troubles, elle fit construire pour lui un tombeau fictif sur lequel elle allait le pleurer.

Or, un jour qu'elle se lamentait sur cette tombe imaginaire, le nouveau gouverneur de la ville, arrivé de voyage, passa près du cimetière. Son attention étant attirée par les lamentations douloureuses de la femme, il envoya un de ses serviteurs pour s'informer s'il ne s'agissait pas là de quelque affaire d'injustice.

Le serviteur revint avec la veuve. Elle avait à se plaindre devant le magistrat. Elle voulait que celui-ci vengeât son mari qu'elle supposait assassiné par quelque bandit. Le gouverneur écoutait avec intérêt les plaintes de la veuve, en dissimulant sa joie. Mais finalement la femme reconnut son mari en la personne du magistrat et se mit à taquiner le gouverneur en jouant avec son chapeau et ses insignes, à la grande surprise des serviteurs du fonctionnaire. La pièce finit par une danse comique.

IV. — La « scène acrobatique » se passe de commentaire.

V. — *Le Sacrifice au Fleuve Bleu* est une pièce historique. On y voit la sœur de l'empereur des Wou pleurant son mari (futur empereur des Chou) qu'elle ne pouvait plus revoir à cause de la rivalité politique entre son mari et son frère. Tout le mérite de cette pièce consiste en chant.

VI. — *Le Retour clandestin du Général Yang chez sa mère* est un épisode de guerre de la fin des Song, époque où la Chine était constamment en guerre avec les barbares du Nord.

Le général Yang, prisonnier des Tartares, n'avait aucun espoir de revoir la Chine, les coutumes de guerre de cette époque étant inflexibles. Il avait pour épouse une fille du chef tartare qui lui avait donné un fils. Étant le gendre du chef de l'État, il était très bien traité. Et il aurait pu être tout à fait heureux sans la pensée que sa mère, déjà vieille et seule en Chine, soupirait à le revoir. Sans oser le dire à personne, il rêvait de faire un voyage en Chine. Son désir devenait si ardent que sa femme s'aperçut de sa tristesse et lui en demanda la cause. Quand le général Yang lui avoua son désir secret, la femme lui promit de l'aider dans son entreprise.

Il s'agissait d'obtenir par ruse une de ces plaques en forme de flèche dorée, qui servaient de laissez-passer pour pouvoir franchir la frontière militairement gardée.

Un jour que la princesse était dans le cabinet du chef de l'État, avec son bébé dans les bras, tout à coup l'enfant se mit à pleurer.

« Pourquoi pleure-t-il ? demanda le chef. — Parce que, dit la princesse, je ne le laisse pas jouer avec vos *flèches dorées.* » Comme le chef aimait tendrement son petit-fils, il prit lui-même une de ces *flèches dorées* et la mit dans les mains de l'enfant, loin de se douter d'un stratagème de la part de sa fille. A ce moment, quelques généraux entrèrent pour parler au chef. La princesse profita de cette occasion pour se retirer avec l'enfant tenant la flèche.

Actrice dans un rôle d'accusée
devant le tribunal

Actress in the part of an accused
woman before the Tribunal

7*

La sœur de l'empereur des Wou fait un sacrifice au fleuve Bleu (Voir l'analyse de la 5ᵉ pièce).
Les enfants portant les drapeaux décorés de
poissons représentent le fleuve.

The sister of the Emperor of the Wous making
a sacrifice on the Blue River (See analysis of
5ᵗʰ play). The children with the decorated flags
represent the Blue River.

Une scène de la pièce " Tchan-Houan-Prao ". —
Sur le rempart : Tchao-Kouang-Yin, fondateur
de la dynastie des Song. En bas : Kao-Hauci-
To, son général.

Scene from the play " Tchan-Houan-Prao ". On
the rampart: Tchao-Kouang-Yin, founder of
the Song dynasty. Below : Kao-Huaci-To, his
general.

Scène de combat   A combat

Masques   Masks

Le général Yang, qui n'attendait que ce laissez-passer pour partir, se mit en route dès le soir même, après avoir promis à sa femme de revenir dans quelques jours. Sur un coursier rapide et suivi d'un serviteur fidèle, il arriva chez sa mère sans aucun incident.

Inutile de décrire ici la scène pathétique de l'entrevue inespérée de la mère et du fils ; je dirai simplement que quelques jours après le départ du général Yang, le chef tartare réclama la flèche emportée par son petit-fils. La princesse ne pouvant pas restituer la flèche, allait être gravement punie, car le voyage clandestin de son mari avait été révélé par les officiers de la frontière. Heureusement que le général Yang, qui était un homme d'honneur, revint à brides abattues. Il avoua le motif de son voyage à son beau-père. Celui-ci en fut si profondément touché qu'il lui accorda l'autorisation de revoir sa mère quand bon lui semblerait.

VII. — *Chouei-lien-tong* est une pièce mythologique dans laquelle on voit des dieux livrant bataille à un génie qui a un corps de singe.

LES PERSONNAGES DES PIÈCES

Pour faciliter la compréhension de ce qui va suivre, surtout en ce qui concerne le maquillage et le travesti, il me faut dire un mot des personnages traditionnels des pièces. Je dis traditionnels, parce que les personnages du drame chinois sont désignés par des termes qui indiquent leur rôle d'emploi. Ces désignations sont générales ou spéciales.

Les désignations générales sont au nombre de cinq, à savoir :

Chen, personnage mâle sans maquillage, excepté dans les rôles mythologiques (voir plus loin la signification spéciale du maquillage) ;

Tsing ou *Hoa-Lien* (visage fleuri), personnage mâle maquillé ;

Tan, personnage féminin sans maquillage ;

Mo, personnage mâle, âgé et sans maquillage, rôle secondaire ;

Tch'eou, personnage comique des deux sexes, toujours maquillé.

Les désignations spéciales sont en grand nombre. Il est superflu de les énumérer ici, et il me suffit d'indiquer que le *Tsing* et le *Tch'eou* sont toujours maquillés et que le *Chen* ne se maquille que dans les rôles militaires mythologiques. Les lecteurs verront dans la suite les différentes sortes de maquillages.

LES COSTUMES ET LES PARURES DE SCÈNE

Comme les drames chinois peuvent se rapporter à des époques très différentes et être tirés de sources très diverses, les costumes que portent les personnages de ces pièces sont extrêmement variés. Ils se divisent en trois catégories :

1º Costume national ancien ;

2º Costume national moderne ;

3º Costumes étrangers.

Les costumes de la première catégorie sont de beaucoup les plus intéressants, aussi les acteurs les revêtent-ils habituellement sur la scène. Ces costumes feront donc seuls l'objet de ce chapitre ; ils sont en effet d'une rare magnificence et jouent un rôle important aux yeux des spectateurs ; par la variété de leurs couleurs et la richesse de leurs ornements, ils compensent avantageusement la pauvreté des décors de la scène qui sont d'un nombre trop limité.

Voici les trois éléments constitutifs de la beauté d'un costume de scène : la soie, la broderie et les ornements métalliques.

Dans un grand théâtre chinois, tous les costumes de scène sont en soie, et la plupart ornés de broderie et de miroirs métalliques. La détermination des conditions et des rangs sociaux des personnages ne s'établit pas par la richesse plus ou moins grande du tissu, mais par le style, la couleur et la forme des vêtements. Ainsi, un mendiant peut porter sans inconvénient une robe de soie, mais cette robe doit être confectionnée à l'aide de petites pièces multicolores.

Du fait que les couleurs jouent un rôle très important dans la distinction des conditions et des rangs sociaux des personnages et qu'elles servent en outre à marquer les circonstances de la vie, il est indispensable que j'en indique les significations traditionnelles.

Le rouge symbolise la joie, la dignité ;

Le blanc est réservé au grand deuil ;

Le noir est réservé au petit deuil, symbole de la sévérité, de la condition humble ;

Le jaune, symbole de la famille impériale, des religieux et des vieilles femmes ;

Le bleu, symbole de la simplicité et de l'honnêteté ;

Le vert, couleur des concubines et des servantes ;

Un mandarin comique

Comic mandarin

Maquillage de scène chinois   Chinese stage make-up

Le rose, couleur de la gaieté, de la légèreté.

Il est entendu que ces indications sont loin d'être complètes et ne représentent qu'une règle générale dans l'emploi des couleurs, et que je n'y ai pas tenu compte des cas d'exception qui sont si fréquents qu'il est impossible de les mentionner intégralement. Si les personnages historiques ou légendaires ont leurs couleurs et leurs costumes déterminés, ce sont les romans — source principale des drames chinois — qui nous fournissent les indications précises ; et les acteurs n'osent jamais s'en écarter.

Avant d'entrer dans l'étude des différentes sortes de costumes anciens, il faut d'abord, pour faciliter notre tâche, diviser les personnages des pièces selon les quatre catégories suivantes :

1º Personnage mâle civil ;

2º Personnage mâle militaire ;

3º Personnage féminin civil ;

4º Personnage féminin militaire.

Les personnages mâles civils portent une longue robe très large, en forme de kimono, qui descend jusqu'à une hauteur de 30 cm. du sol, et dont un pan est ramené et rattaché sous le bras droit. La couleur de cette robe (avec ou sans ornements) varie suivant les conditions sociales du personnage représenté et les circonstances dans lesquelles il doit se trouver. Exemple :

Un domestique porte une robe noire, des manchettes blanches, une ceinture jaune, des bottines et un pantalon noirs, et un bonnet octogonal de même couleur, écrasé sur le côté.

Un simple particulier porte une robe bleue avec des manchettes blanches sans ornement brodé et sans ceinture, un bonnet noir droit, un pantalon bleu et des bottes en satin noir.

Un jeune bachelier porte une robe blanche ornée de fleurs roses brodées et munie de manchettes blanches, un chapeau bicorne de la même couleur et également brodé, un pantalon non apparent et des bottes en satin noir.

Un sous-préfet porte une robe bleue avec des manchettes blanches, une ceinture ornée de jade blanc, un chapeau de magistrat (toujours noir) avec deux pattes retombant sur les épaules, un pantalon non apparent et des bottes de satin noir.

Un gouverneur de province porte une robe rouge avec des manchettes blanches,

8*

une ceinture ornée de jade blanc, un chapeau de magistrat, des bottes de satin noir.

Un empereur porte une robe jaune brodée de dragons or et garnie de manchettes blanches, une ceinture garnie de jade, un diadème d'or ciselé et des bottes en satin noir.

Les personnages mâles militaires se divisent en:

a) Le guerrier à cheval;

b) Le guerrier à pied.

Le premier est toujours coiffé d'un casque, vêtu d'une robe de combat garnie de plaques métalliques, et porte souvent quatre petits drapeaux fixés sur le dos, les hampes dépassant ses épaules. Sa robe et ses drapeaux sont toujours d'une même couleur.

Le guerrier à pied est coiffé d'un chapeau de soie octogonal orné de pompons (rouges, roses ou bleus) et de miroirs; vêtu d'une espèce de redingote très serrée et bien boutonnée, tombant un peu plus bas que la taille et laissant voir un pantalon assorti; et chaussé de bottes de satin noir; il porte une ceinture de soie, nouée par devant et laissant pendre jusqu'aux genoux ses deux extrémités ornées de franges.

Tous ces guerriers portent souvent, en dehors des combats, une grande cape de soie d'une couleur très vive ornée de broderie or ou argent.

Les personnages féminins civils portent une robe moins longue et moins large que celle des hommes et une jupe couvrant un pantalon dont on voit les extrémités inférieures. Seules, les femmes de basse condition ne portent pas de jupe. Une servante porte toujours un long gilet couvrant une jaquette très serrée; le gilet est maintenu par une ceinture de soie pendante.

Les femmes guerrières se divisent aussi en deux catégories: la guerrière à cheval et la guerrière à pied.

La guerrière à cheval est vêtue d'une longue robe de combat analogue à celle du guerrier, mais plus petite. Elle porte sur la tête une sorte de diadème garni de petits miroirs.

Derrière son dos se redressent deux plumes de faisan, et deux queues de renard descendent chacune d'un côté du cou pour pendre devant la poitrine.

Le costume d'une guerrière à pied est très simple. Il se compose d'une veste boutonnée et très serrée et d'une jupe à plis garnie de flots de ruban.

En ce qui concerne les coiffures de scène, je fais grâce aux lecteurs d'une description aussi longue que fastidieuse : car cette question seule pourrait me retenir très longtemps. Je dirai simplement que les hommes seuls portent des chapeaux extrêmement variés, tandis que les femmes ne se garnissent la tête que d'ornements comme diadème, fleurs, rubans et bijoux, en laissant voir une partie de leurs cheveux.

LE MAQUILLAGE ET LE TRAVESTI

Le simple fait de se poudrer la figure et d'appliquer du bleu autour des yeux, du rouge aux lèvres et aux joues est un procédé connu de tout le monde et utilisé par tous les acteurs. Il ne me paraît pas assez intéressant pour être traité ici. Le maquillage dont je veux parler est d'un genre tout particulier. On peut dire que c'est une sorte de *masque en couleurs* peint à même le visage. Je n'entreprendrai pas d'étudier son origine qui ne me paraît pas être autre chose que le masque proprement dit.

L'avantage du *masque peint* sur le masque proprement dit réside dans le fait que les couleurs étalées sur le visage n'entravent pas la diction.

Le *masque peint* peut être de couleurs très différentes, unies ou combinées. On peut tirer quelque signification de l'emploi de la couleur de ces masques, mais pas toujours ; exemple :

Masque blanc, un homme d'État perfide ;

Masque rouge, un homme droit ;

Masque noir, un homme sévère ou brutal.

Il y en a bien d'autres qui ne donnent aucune signification.

Pour se maquiller, les acteurs doivent suivre les indications traditionnelles déterminant la physionomie des personnages représentés. Ces indications sont purement théâtrales et ne se trouvent mentionnées dans aucun livre. Elles sont en outre traditionnelles et classiques, parce qu'elles sont transmises du maître à l'élève et qu'aucun acteur n'ose s'en écarter.

D'ailleurs les vieux amateurs de théâtre les connaissent bien, et ne toléreraient pas la moindre infraction aux règles du maquillage traditionnel des personnages. Un acteur qui commettrait une faute de ce genre serait sûrement accueilli par des huées, tant les spectateurs sont intransigeants et sans pitié !

Je dois faire remarquer en passant que le maquillage des *chen* et des *tsing* couvre entièrement la figure ; tandis que celui des *tch'eou* (comiques) n'est que partiel.

Quand un *tch'eou* joue un rôle de belle-mère comique, il monte sur la scène avec la figure couverte d'une épaisse couche de poudre, les joues sanguines, une coiffure de campagne, un costume démodé et des chaussures grandes et larges en forme de petits bateaux.

Dans les rôles féminins non comiques, le travesti est une chose très. difficile ; car il s'agit là d'imiter les petits pieds de femme. Pour cela les acteurs spécialistes de ces rôles (les *tan*) se chaussent d'une paire de pieds en bois, attachés à la pointe des pieds. Ainsi ces acteurs doivent se tenir pendant toute la durée de leur rôle dans la position d'une danseuse qui fait des pointes.

Cet exercice d'équilibre devient encore plus difficile dans le rôle d'une femme guerrière, car l'acteur doit y exécuter des bonds et des sauts périlleux. Cependant, si dangereux que cela puisse paraître, on n'a pourtant jamais entendu parler d'accidents, de foulure ou d'entorse.

QUELQUES OBJETS REPRÉSENTATIFS OU SYMBOLIQUES

J'ai déjà dit que sur la scène d'un théâtre chinois les décors sont plus que sobres, et que certaines choses y sont vues en imagination. Il est donc nécessaire de faire supposer la présence de ces choses — qu'on ne se donne pas la peine de représenter en peinture — au moyen d'objets ou de représentations conventionnelles.

Voici quelques exemples :

Le fouet représente le cheval ;

Un drapeau orné d'un poisson représente l'eau ;

Deux drapeaux ornés chacun d'une roue représentent la voiture ;

Un rideau bleu orné de lignes blanches représente le rempart ;

Deux panneaux ornés de rochers représentent la montagne ;

Un paquet cubique enveloppé de soie jaune représente le sceau d'un magistrat ;

Un paquet enveloppé de toile rouge représente une tête humaine ;

Le chasse-mouche est le symbole de la pureté, de la religion et des esprits ;

L'éventail est le symbole de la frivolité et de l'extravagance.

LES SOURCES DES PIÈCES

Avant de clore cette étude par l'explication des gravures chinoises qu'on verra plus loin, je tiens à ajouter quelques mots pour indiquer les différentes sources d'où sont tirées les pièces.

Un personnage sur un arbre figuré par des panneaux peints

Actor on a tree, which is represented by painted panels.

Un acteur dans sa loge, assisté de son serviteur qui s'appprête à le coiffer.

Actor in the green-room, his servant about to dress his hair.

Scène de combat de deux guerriers

Two warriors fighting

Un brigand
(rôle secondaire).

A brigand
(minor part)

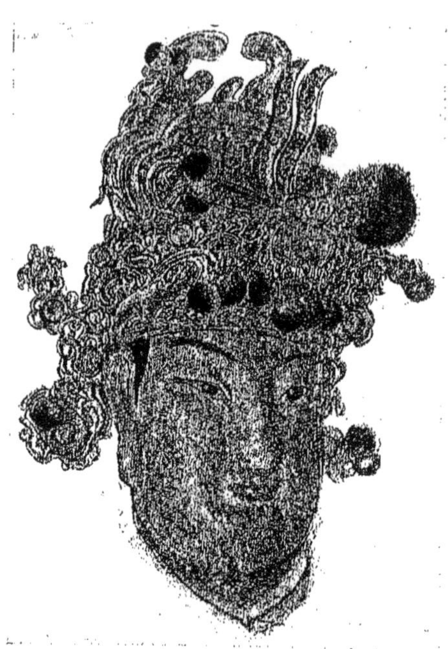

Un personnage mythologique
(un dieu).

Mythological personage
(a God)

Un brigand

A brigand

Un combattant à pied

Warrior on foot

Une scène de la pièce "Fang-mien-hao"
(Filage du coton). — Deux comiques
chantent des chansons populaires

Scene from the play "Fang mien hao" —
Two comedians singing popular songs

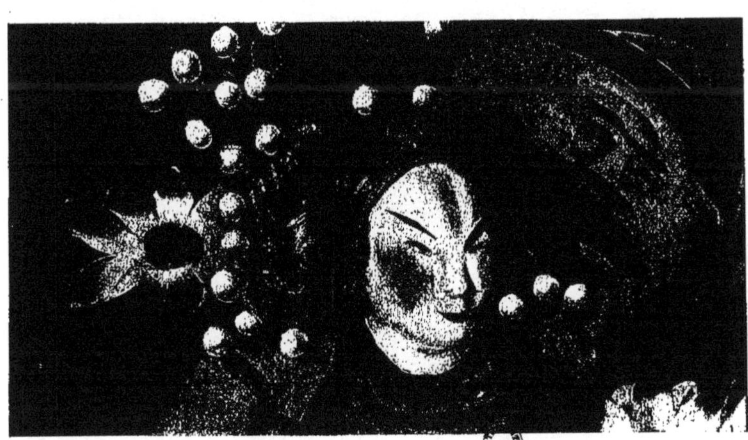

Un personnage mythologique

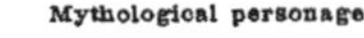

Mythological personage

Acteur chinois se maquillant

Actor making up

Maquillage d'un guerrier   Make up of a warrior

Une servante du palais   A palace servant   Un perfide homme d'État   Traitor statesman

Une tête de femme
moderne

Head of a mo-
dern woman

L'histoire de la Chine est, sans conteste, à la base des emprunts d'ordre théâtral ; mais il est plus exact de dire que les romans historiques ont servi d'intermédiaires entre l'histoire et le théâtre, car il existe presque pour chacune des périodes d'histoire un roman intéressant, d'où l'on a extrait des drames. On doit citer comme modèle du genre le *San-kouo-yen-yi* (le roman des trois royaumes).

En regard des romans historiques on trouve des romans de genres très divers : romans d'amour, de voyages, de mœurs sociales, de religions, de mythologie, de superstitions, de brigandages, etc...

La plupart de ces romans sont des chefs-d'œuvre. Tous les Chinois aiment à les lire ou à les entendre lire, si bien que les personnages et les événements historiques ou imaginaires leur paraissent toujours récents, réels et familiers, et ils vivent avec eux.

De tous ces romans de natures très variées, se dégage un principe général et prédominant : *le droit prime la force.*

Comme les pièces de théâtre sont tirées de ces romans, le même principe est honoré sur la scène. Ainsi le bon est toujours récompensé, le méchant puni, l'innocent justifié et le coupable exécuté.

Quant aux personnages qui figurent dans les pièces, ils sont tirés de toutes les classes de la société chinoise. Seuls les personnages des pièces de pure fiction sont créés par les auteurs.

CONCLUSION

Dans l'exposé que je viens d'écrire, j'ai fait connaître aux lecteurs le théâtre chinois dans son ensemble, et je me suis appliqué à le leur montrer sous les trois aspects importants : moral, artistique et musical.

Étant donnée la sévérité des mœurs chinoises, les pièces de théâtre doivent — à quelques exceptions près — être inspirées d'un sentiment élevé, et jamais un drame d'un caractère licencieux ne peut être présenté sur une scène publique sans que la pudeur des spectateurs en soit offensée. Cela va si loin que — contrairement à ce qui se passe en Europe — le sentiment de l'amour ne joue qu'un rôle très effacé dans les pièces, aussi bien la danse proprement dite est-elle une chose inconnue sur la scène. Mais cette absence de l'amour dans le drame n'est pas exclusive à l'égard des rôles féminins importants ; et jamais un programme de théâtre ne manque de donner une pièce avec un personnage féminin en vedette. Seulement ce personnage féminin est généralement un jeune homme travesti.

En raison de ce déguisement et de l'absence presque totale des décors scéniques, l'acteur chinois a un rôle plus difficile à tenir qu'un acteur européen. Sans parler des longues études qu'il doit faire pour arriver à imiter la voix, les gestes, la démarche et les attitudes d'une femme, on conçoit aisément la grande difficulté qu'il a à feindre les sentiments d'un autre sexe.

Quand il s'agit d'ouvrir ou de fermer une porte qui n'existe pas, de faire le simulacre de lancer une pierre, de rouler un fil imaginaire, de coudre une robe inexistante, c'est toujours avec des gestes précis et expressifs que l'acteur inspire un sentiment de réalité aux spectateurs.

Quand il fait semblant de monter sur un cheval ou de le panser, on voit, pour ainsi dire, l'animal. Quand il fait le geste de ramer et de lutter contre les flots, on a la sensation de la résistance de l'eau et des balancements de la barque. Après ceci, est-il exagéré d'affirmer que l'art des gestes est particulièrement développé chez les comédiens chinois ?

Il faut dire aussi que tous les gestes sont secondés par des sons de musique bien combinés qui concordent parfaitement avec chaque mouvement de l'acteur. On peut voir par là quelle est l'importance d'un orchestre dans un théâtre chinois, puisque la musique doit non seulement accompagner le chant d'un personnage, mais encore régler ses pas, ponctuer ses paroles et marquer ses mouvements.

En résumé, on peut dire que la représentation d'une pièce chinoise est une sorte de danse animée de sentiments divers, accompagnée de chants et de dialogues et exécutée aux sons de la musique.

FIN

LES IMAGES POPULAIRES THÉATRALES

Les images reproduites ci-après et que je vais expliquer sont des imprimés très populaires dans le Nord de la Chine. Une fois par an, durant la première quinzaine du premier mois, on en vend partout, dans les boutiques et dans les rues. Mais ces quinze jours passés, on n'en voit plus la trace.

Étant purement commerciales et destinées aux acheteurs de condition modeste, ces illustrations n'ont pas la prétention d'être des œuvres d'art, et leurs auteurs n'y ont pas toujours observé une exactitude rigoureuse.

Image 1. — Une invitation amicale mais dangereuse.

De gauche à droite : 1º un batelier ; 2º Tcheou T'sang, aide de camp de Kouan Yu ; 3º Kouan Yu, général de Liou Pei ; 4º Lou Sou, ministre de Souen K'iuan.

Le général Kouan Yu, chargé de la défense du King-tcheou (voir l'explication de l'image 2), s'était rendu à une invitation amicale de Lou Sou, ministre de Wou, chargé de réclamer la restitution du King-tcheou. Cette invitation, dite amicale, avait pour but d'attirer Kouang Yu dans le royaume de Wou pour le forcer à rendre le dit territoire. Vers la fin du banquet, Lou Sou se mit donc à réclamer la cession du King-tcheou. Kouan Yu lui imposa silence sur ce sujet, en lui disant de ne pas gâter une réunion amicale par des questions politiques ; et, quittant brusquement la table, il prit d'une main le sabre que tenait son aide de camp, et, de l'autre, il tint fermement Lou Sou et le mena avec lui jusqu'à la rive où se trouvait son bateau. Les hommes de Lou Sou, bien qu'armés, n'osaient pas se jeter sur Kouan Yu, de peur que celui-ci ne tuât tout de suite leur chef.

Par son courage et son sang-froid, Kouan Yu échappa ainsi au danger et rentra tranquillement au King-tcheou.

Image 2. — Tch'ang Pan-p'ouo.

Cette pièce porte le nom de l'endroit où Tchao Yun, général de Liou Pei, futur empereur des Chou, déploya toute sa bravoure pour sauver l'enfant de son maître, en combattant contre les généraux ennemis, après une défaite de la grande armée.

Tchao Yun était tombé un moment dans une fosse et allait être pris par l'ennemi, quand, soudainement, un dragon énorme, entouré d'éclats de feu, sortit du front de l'enfant que le général portait sur son sein. Ce qui fit peur aux ennemis et sauva Tchao Yun et le futur prince héritier.

Image 3. — La requête de Tchou-Ko Leang à l'Empereur.

De gauche à droite : 1° Houang Tchong, général ; 2° Tchang Pao (en jaune), général ; 3° Tchou-Ko Leang, premier ministre et généralissime de l'Empire des Chou ; 4° l'empereur Heou Tchou, fils de Liou Pei (celui qui a été sauvé par Tchao Yun ; voir image n° 2) ; 5° un eunuque du palais ; 6° Kouan Hing, général, fils de Kouan Yu (voir gravure n° 1) ; 7° Kiang Wei, général.

Sur cette gravure on voit l'empereur Heou Tchou recevant en audience son premier ministre Tchou-Ko Leang, grand homme d'État tout dévoué, qui vient lui présenter une requête, avant de partir pour une expédition militaire.

Ce fait historique, très célèbre, est considéré comme un acte de grand dévouement de la part d'un vieux ministre envers son jeune souverain ; car, dans la requête, l'auteur a tracé une ligne de bonne conduite que le jeune empereur devait suivre.

Image 4. — Le Lac Lo-ma.

A gauche, sur l'île, un groupe de six brigands ; à droite, dans le bateau, un groupe de six gendarmes du préfet Cheu Pou-Ts'iuan.

Le préfet Cheu Pou-Ts'iuan, ennemi des malfaiteurs, fut attiré dans un piège et emmené en captivité chez les brigands du lac Lo-Ma. Ses gendarmes le recherchent chez les malfaiteurs en rendant visite à ceux-ci. Cette pièce finit par un combat à l'issue duquel le préfet est délivré grâce au courage de Wang T'ien-Pa (chapeau mauve), chef de la gendarmerie.

Image 5. — La Rencontre de Liou Pang et de Hiang Yu à Hong-men.

De gauche à droite : 1º Hiang Po, oncle de Hiang Yu ; 2º Fan Tseng, conseiller de Hiang Yu ; 3º Hiang Yu, prétendant à l'Empire chinois ; 4º Hiang Tchouang, général de Hiang Yu ; 5º Liou Pang, rival de Hiang Yu et futur fondateur de la dynastie des Han ; 6º Fan K'ouai, général de Liou Pang ; 7º et 8º Tchang Leang et K'ing Hi, conseillers de Liou Pang.

Les deux prétendants à l'Empire chinois se rencontraient dans le camp de Hiang Yu, à Hong-meng. Fan Tseng, conseiller de Hiang Yu, fit entrer Hiang Tchouang dans le camp, pour exécuter une danse militaire au cours de laquelle il devait assassiner Liou Pang. Fan K'ouai, général de celui-ci, arriva à temps pour sauver son maître.

Image 6 — Le Temple Pa-t'ch'a.

Cette gravure représente la pièce le Temple Pa-t'ch'a dans laquelle on voit Fei To Kong (maquillage rouge et noir), ravisseur des belles femmes qui allaient au temple, enlever la femme de Wang T'ien Pa, chef de la gendarmerie de Cheu Pou Ts'iuan (voir image n° 4).

Image 7. — Un piège d'abeilles.

De gauche à droite : 1° Chen Chen, fils aîné et héritier titulaire du duc Hien de Tsing ; 2° Li Ki, concubine du duc Hien ; 3° le duc Hien ; 4° Yeou Cheu, eunuque du duc et complice de Li Ki.

Voici comment Li Ki est arrivée à faire déshériter Chen-Chen en faveur de son propre fils.

Un jour Li Ki fit dire à Chen Chen que le duc l'attendait dans le parc du château. Arrivé à l'endroit désigné, Chen Chen ne trouva pas son père, mais rencontra Li Ki seule, assaillie par les abeilles du parc, désireuses de butiner les fleurs odoriférantes dont sa tête était couverte. Il vint naturellement au secours de Li Ki en chassant les insectes avec ses manches.

A ce moment, l'eunuque Yeou Cheu, qui était le complice de Li Ki, invita le duc à monter sur une terrasse du parc pour lui faire voir que Chen Chen était en train de violenter Li Ki. Lorsque celle-ci revint avec un visage enflé et des larmes aux yeux pour confirmer l'accusation déjà faite contre Chen-Chen, le duc en fut si indigné qu'il disgracia son fils aîné.

Image 8. — La place fortifiée de Tou-Mou.

De gauche à droite : 1° un aide de camp de Siu Jen Kouei ; 2° général chinois ; 3° N'gan T'ien Pao, général barbare.

Dans cette pièce, on voit le général Siu Jen Kouei, dans son expédition contre les barbares de l'Ouest de la Chine, abattre le général barbare Ngan T'ien Pao.

Image 9. — La vieille et le jeune, la jeune et le vieux.

C'est une pièce comique qui se rapporte au temps du soulèvement des T'ai-p'ing. Il paraît que ceux-ci ravissaient toutes les femmes sur leur passage et, les mettant chacune dans un grand sac fermé, les vendaient toutes à un prix unique. Les acquéreurs n'avaient donc pas de choix à faire et ne devaient espérer leur bonne chance que du hasard. Cependant les acheteurs malins, tous désireux d'acquérir une femme jeune et belle, essayaient de connaître la voix des femmes invisibles en leur pinçant le bras afin de les faire crier. Ce moyen était pourtant si peu sûr que, souvent, la surprise des acquéreurs était telle qu'elle est représentée sur la gravure où le jeune homme, en ouvrant le sac, retrouva sa mère, et son père, la femme de son fils.

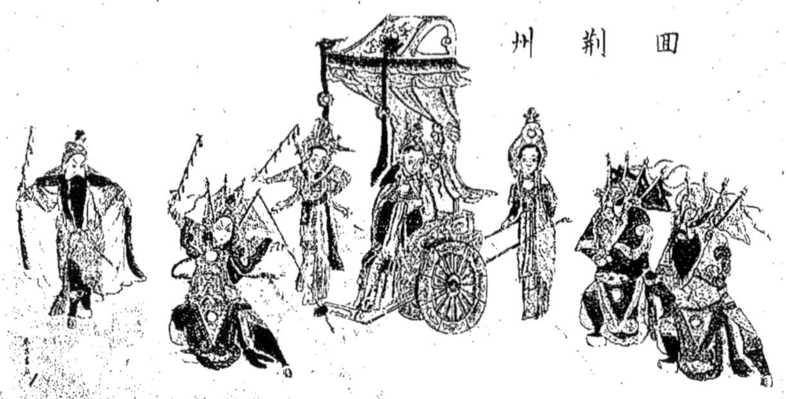

Image 10 — Le retour de Liou Pei et de sa femme au King-Tcheou.

De gauche à droite : 1° Liou Pei, oncle du dernier empereur des Han et futur souverain des Chou ; 2° Tchao Yun, général de Liou Pei ; 3° une servante ; 4° femme de Liou Pei, sœur de Souen K'iuan ; 5° une servante ; 6° et 7° Siu Cheng et Ting Fong, généraux de Souen K'iuan.

Voici, en peu de mots, tout le fait historique :

Liou Pei avait gardé pour lui seul le pays de King-tcheou, conquis en commun avec l'armée de Souen K'iuan, chef du pays de Wou. Celui-ci en fut très irrité contre lui et lui fit dire de venir dans son pays, car il voulait lui donner sa sœur en mariage. C'était, au fond, un simple piège pour le capturer comme otage, afin de lui réclamer le King-tcheou. Liou-Pei vint dans le pays de Wou et le mariage eut effectivement lieu, grâce à l'intervention de la mère de Souen K'iuan.

Mais pour retourner au King-tcheou, ce n'était pas une question de moindre difficulté. Liou Pei et sa femme durent effectuer ce voyage en cachette. Cependant leur départ fut révélé à Souen K'iuan, qui lança derrière eux deux généraux pour les ramener. La sœur de Souen K'iuan eut heureusement assez d'autorité sur les officiers de son frère pour leur imposer respect. Et c'est ainsi que Liou Pei put sortir de son état de prisonnier pour rentrer à King-tcheou.

TABLE DES MATIÈRES

www.ingramcontent.com/pod-product-compliance
Ingram Content Group UK Ltd.
Pitfield, Milton Keynes, MK11 3LW, UK
UKHW022130170726
13837UKWH00003B/1462